모든 이를 위한

십자가의 길

C. 엔즐러 글
고석준 옮김

성바오로

길을 걷기에 앞서

그리스도

지금 네가 걷고자 하는 이 14처의 길은
너 홀로 걷는 것이 아니다.

내가 너와 함께 걷는다.

하기야 너는 너고 나는 나지만,
그러나 우리는 정녕 하나
한 그리스도이다.

그러기에 2천 년 전
나의 십자가의 길과 지금 너의 '길'은
또한 하나이다.

그러나 이 차이를 기억하라.
내가 내 생애를 죽음으로 장식하기 전까지
내 생애는 미완성이었다는 것을.
네 14처의 길은 네 삶으로 장식할 때
비로소 완성되리라.

제1처

예수님께서 사형 선고 받으심을 묵상합시다.

그리스도

나의 분신아, 나는 빌라도의 손에서
내 아버지의 뜻을 본다.
빌라도는 의롭지 못하나
합법적 통치자로서 나를 지배한다.

그리하여 하느님의 아들이
인간의 아들에게 순명한다.

이것이 아버지의 뜻이기에
내가 빌라도의 명령에 순종할 수 있다면,
너는 내가 너를 지배하게 한
그들에게 순종하기를 마다할 수 있겠느냐?

사람

나의 예수님, 주님이시여,
당신은 순명하시기 위해 생명을 바치셨습니다.

저야 순명하기 위해
제 의지 한 번만 포기하면 됩니다.
그 이상 아무것도 아닙니다.
그런데도 저를 굽히기가 얼마나 어려운지요.

제 눈에서 눈가리개를 벗겨 주십시오.
그래서 저를 지배하는 모든 이들에게 순명하는 것이
곧 당신께 순명하는 것임을 보게 해 주십시오.

주님, 바로 당신께 순명하는 것입니다.

영광송

제2처

예수님께서 십자가 지심을 묵상합시다.

그리스도

이 십자가,
이 나무 기둥은
아버지께서 나를 위해 고르신 것이다.

네가 져야 할 십자가들은
대부분 너의 일상생활에서 오는 것들이리.
그러나 그것들 역시 아버지께서
너를 위해 고르신 것이다.

그분의 손에서 그 십자가들을 받아라.

마음에 새겨 두어라, 나의 분신아.
네 짐이 조금이라도 불어나
네 힘에 부치게 되는 그런 일은 결코 없으리니.

사람

나의 예수님, 주님이시여,
저는 제 일상의 십자가를 집니다.
종종 단조롭기만 한 하루들,
갖가지 불편함,
여름 더위, 겨울 추위,
실망과 긴장과 패배의 걱정거리들을
저는 기꺼이 받아들입니다.

이따금 상기시켜 주십시오.
제 십자가를 짐으로써
저는 당신과 함께 당신의 십자가를 지고 있음을.
그리고 저는
당신 십자가의 파편 하나만 지고 가지만
당신은 그 대가로
그 파편을 제외한 저의 모든 짐을 지고 가심을.

영광송

제3처

예수님께서 기력이 떨어져 넘어지심을 묵상합시다.

그리스도

당신 뜻 하나로
삼라만상을 만드시고 존재하게 하시는 하느님께서
나무 기둥 하나의 무게도 감당 못 하실 정도로
나약한 인간이 되셨다.

나약함을 지닌 사람의 아들,
그는 얼마나 인간적인가?

나의 아버지께서 그렇게 되길 원하셨다.
그렇지 않고서는 나는 너의 모범이 될 수가 없었다.

너 나의 분신이 되고자 한다면
너 역시 불평 없이
너의 인간적 나약함들을 받아들여야 한다.

사람

주 예수님, 제가 어찌 마다하겠습니까?
저는 제 나약함을,
제 짜증과 변덕을,
제 골치 아픔과 피로함을,
제 몸과 마음과 영혼의 모든 결함들을
기꺼이 받아들입니다.

그 모든 것이 저를 위하시는 당신의 뜻이기에
제 인간성의 이런 '장애들'을
기쁘게 참아 받습니다.

제가 불만스러운 모든 것들을
만족스럽게 여기게 해 주십시오.
하오나 당신의 뒤를 꾸준히 따라갈 힘을 주십시오.

영광송

제4처

예수님께서 성모님을 만나심을 묵상합시다.

그리스도

어머니께서 내가 채찍질 당하는 것을 보신다.
발로 채이고 짐승처럼 몰리는 것을 보신다.
어머니는 나의 모든 상처를 헤아리신다.
어머니의 영혼은 고뇌에 차 흐느끼시건만
그러나 아무 항의도 불평도 흘리지 않으시고
그럴 생각조차도 하지 않으신다.

어머니는 나의 순교를 나누시고
나는 어머니의 순교를 나눈다.
우리는 어떤 고통도 슬픔도
서로의 눈앞에 숨기지 않는다.
이것이 내 아버지의 뜻이다.

사람

나의 예수님, 나의 주님,
당신이 무슨 말씀을 하시는지 압니다.

사랑하는 사람들의 고통을 지켜보는 것은
저희 자신의 고통을 참기보다 힘듭니다.

당신의 뒤를 따라 제 십자가를 지고 가면서
저 역시 제가 사랑하는 이들의 고통을,
그들의 아픈 마음과 병고와 슬픔을
서서 지켜보아야 합니다.

그리고 제 고통 역시 그들이 지켜보게 해야 합니다.

저는 믿습니다.
당신을 사랑하는 이들에게는
모든 일이 다 좋게 작용하게 해 주심을.
그렇게 될 수밖에 없음을!

염광송

제5처

시몬이 예수님을 도와 십자가 짐을 묵상합시다.

그리스도

내 힘이 다했다.
더 이상 십자가를 혼자 감당할 수가 없다.
그래서 병사들이 시몬에게 나를 돕게 했다.

이 시몬은 너와 같다, 나의 분신아.
내게 너의 힘을 다오.

네가 다른 사람의 등에 얹힌 짐을 덜어 줄 때마다
너는 바로 네 두 손으로
나를 짓누르는 저 십자가의 끔찍한 무게를
덜어 주는 것이다.

사람

주님, 제가 깨닫게 해 주십시오.
그릇을 닦을 때,
바닥에서 휴지 한 장을 주울 때,

하찮은 일로 어린아이를 도울 때,
또는 길가나 가게에서 다른 사람에게 양보할 때,
굶주린 사람을 먹일 때,
헐벗은 사람을 입힐 때,
못 배운 사람을 가르칠 때,
또는 어떤 식으로든, 누구에게든 상관없이
도움을 줄 때마다 매번
제 이름이 곧 시몬임을 깨닫게 해 주십시오.
그리고 제가 그들에게 베푸는 친절이
실은 당신께 베푸는 것임을.

영광송

제6처

베로니카, 수건으로 예수님의 얼굴을 닦아 드림을 묵상합시다.

그리스도

나의 분신아,
너는 내 피투성이 얼굴을 닦아 줄 만큼
용감해질 수 있느냐?

내 얼굴이 어디에 있냐고 묻는 것이냐?

가정에서 눈에 눈물이 고일 때마다,
일터에서 긴장이 생길 때,
운동장에서, 빈민가에서,
법정에서, 병원에서, 감옥에서,
고통이 존재하는 그 어디나
바로 거기에 내 얼굴이 있다.
그리고 나는 거기서 내 피와 눈물을 닦아 줄
너를 찾는다.

사람

주님, 당신께서 바라시는 것은
용기와 자기희생을 요하는 힘든 일이고
저는 나약합니다.
제게 힘을 주십시오.
두려워서 달아나지 않게 해 주십시오.

주님, 제 안에서 사시고
제 안에서 행동하시고
제 안에서 사랑하십시오.
그리고 제 안에서만이 아니라 모든 사람 안에서
그리하여 저희가 이 세상에서
이제는 더 이상 당신의 피가 아니라
당신의 영광스러운 얼굴을 드러내게 해 주십시오.

영광송

제7처

기력이 다하신 예수님께서 두 번째 넘어지심을 묵상합시다.

그리스도

나의 분신아, 이 일곱 번째 단계는
네 의지를 시험하는 단계다.
이번 넘어짐에서
너는 선을 행할 때 꾸준하기를 배워라.

네 모든 노력이 실패로 돌아간 듯하고
'난 계속 나아갈 수가 없다.'고
생각될 때가 올 것이다.

그때는 내게 돌아오너라.
무거운 짐진 이여,
내가 너를 쉬게 하리라.

나를 믿어라. 그리고 계속 나아가라.

사람

주님, 저에게 당신의 용기를 주십시오.
실패감에 무겁게 짓눌려 완전히 비참해져 있을 때
당신의 손을 뻗어 저를 일으켜 주십시오.

선을 행할 때는 중단해서는 안 되고
꾸준해야 함을 저는 알고 있습니다.

하지만 주님, 도와주십시오.
저 혼자 할 수 있는 일은 아무것도 없습니다.
당신과 함께라면
당신이 원하시는 어떤 일도 할 수 있습니다.
제가 하겠습니다.

영광송

제8처

예수님께서 예루살렘 부인들을 위로하심을 묵상합시다.

그리스도

내가 몇 번이나
예루살렘의 자녀들을
내 앞에 불러 모으기를 고대했던가.
그러나 그들은 마다했다.

그런데 지금 이 여인들이
나를 위해 운다.
그리고 내 마음은 그들 때문에,
장차 그들이 겪게 될 그 설움 때문에 슬퍼한다.

나는 나를 위로하려는 이들을 위안한다.

나의 분신아, 너는 얼마나 온유할 수 있겠느냐.
얼마나 친절할 수 있겠느냐?

사람

나의 예수님,
당신이 수난 중에 지니신
당신의 그 연민의 정은
비할 데가 없습니다.

주님, 저를 가르쳐 주시고
제가 배우게 도와주십시오.
누가 저를 비웃음과 오해로 마음 상하게 하거나
잘못 알고 나서서 돕는다며 되레 방해를 하거나
제 사생활을 침해하는 사람들에게
그저 한마디 쏘아 주고 싶을 때
제 혀를 다스리게 도와주십시오.

온유를 외투 삼아 입게 해 주십시오.

주님, 당신처럼 제가 친절하게 해 주십시오.

영광송

제9처

예수님께서 세 번째 넘어지심을 묵상합시다.

그리스도

완전히 기진맥진해 쓰러져
나는 그만 길가에 깔린 자갈 위에 누워 버린다.
몸을 꼼짝할 수가 없다.
아무리 때리고 발로 차도
몸을 일으킬 수가 없다.

하지만 여전히 내 의지는 나의 것이다.
그리고 너의 의지는 너의 것이다.

나의 분신아, 이것을 알아 두어라.
설령 네 몸이 으스러져도
지상의 그 어떤 힘도, 지옥의 그 어떤 힘도
네 의지를 너에게서 앗아갈 수는 없다.

너의 의지는 너의 것이다.

사람

주님, 저는 당신께서 잠시 쉬신 다음
다시 일어나 비틀거리며 걸어가시는 것을 봅니다.
그래서 저도 할 수 있습니다.
제 의지는 제 것이니까요.

온 힘이 다 빠지고
죄와 자책감에 짓눌려 옴짝할 수 없게 될 때
저를 유다의 죄에서 보호하시고
절망에서 구해 주십시오.

주님, 제가 지은 그 어떤 죄도
당신의 사랑보다 그 죄가 더 크다고 느끼는 일이
결코 없게 해 주십시오.
제 과거가 어떠했든지
저는 새로이 시작할 수 있습니다.

영광송

제10처

예수님께서 옷 벗김 당하심을 묵상합시다.

그리스도

보라, 나의 분신아,
가장 가난하게 살아온 왕의 모습을.
내 창조물들 앞에 나는 발가벗고 서 있다.
내 침상인 십자가,
이것마저 내 것이 아니다.

하지만 일찍이 누가 그처럼 부유했더냐?

나는 아무것도 가지지 않음으로써
모든 것,
내 아버지의 사랑을 소유한다.

너 역시 모든 것을 갖고 싶거든
네 양식과 네 옷과 네 생명마저
애써 구하려 들지 말아라.

사람

주님, 제 모든 것을,
제가 지닌 모든 것을 당신께 바칩니다.

명성과 지위와 재산에 대한 갈망에서
저를 떼어 놓아 주십시오.

저보다 더 가진 이웃에게 지녔던
모든 질투의 자취들을 제 안에서 뿌리 뽑아 주십시오.
자만의 악덕에서,
스스로를 추어올리고 싶은 갈망에서 풀어 주시고
가장 낮은 곳으로 저를 인도해 주십시오.

주님, 제가 마음이 가난하게 되어
당신 안에서 풍요를 누리게 해 주십시오.

영광송

제11처

예수님께서 십자가에 못 박히심을 묵상합시다.

그리스도

너는 십자가 형벌이 어떤 것인지
상상이나 할 수 있겠느냐?

형 집행인들이 팔을 잡아당겨서
손과 팔목을 나무에 붙들어 매고
못을 눌러 살을 뚫는다.
그러고는 망치를 한 번 세게 내리쳐 못을 박는다.
그러면 머릿속에서 폭음탄이 터지는 듯 고통스럽다.

그들은 다른 팔을 잡는다.
그러면 또다시 고통이 폭발한다.

그런 다음 무릎을 세워서
발이 나무에 딱 닿게 하고서
또 한 번 망치를 휘둘러 내리친다.

INRI

사람

하느님, 당신을 바라보며 생각합니다.
제 영혼이 이토록 귀한 것이옵니까?

그 보답으로
제가 과연 무엇을 드릴 수 있겠습니까?

지금 여기서 저는 제 평생 장차 받게 될
그 모든 병고와 고뇌와 고통을 받아들입니다.
그 모든 십자가에 입을 맞춥니다.

오, 복된 십자가는 저로 하여금
당신과 더불어 제 동료를 구원하는
협조자가 되게 해 줍니다.

영광송

제12처

예수님께서 십자가 위에서 돌아가심을 묵상합시다.

그리스도

이제 십자가는 강론대가 된다.
"아버지, 저들을 용서하소서….
너는 나와 함께 낙원에 있을 것이다….
너의 어머니시다… 당신의 아들입니다….
목마르다….
다 이루었다…."

말 한마디 하려면
팔목과 발에 힘을 주어 온몸을 세워야 하고,
몸을 움직일 때마다
고통의 새 파도가 몰려와 나를 삼킨다.

이제 견딜 만큼 견디고
나의 인간성을 모두 비워 냈을 때,
나는 내 이승의 목숨을 떠나 보낸다.

사람

나의 예수님, 하느님,
제가 무슨 말씀을 드리고 무엇을 하겠습니까?

당신께 저의 죽음을 바치옵니다.
저를 위해 마련된 죽음의 시각과 죽음의 형태를
지금 받아들이면서
그에 따르는 모든 고통과 함께 바치옵니다.
저는 단 한순간도
제 생애를 늘이려 들지 않습니다.

저 자신의 죄와
저의 모든 동료들의 죄를 위해
당신께 제 죽음을 바치옵니다.

나의 하느님, 나의 하느님!
저희를 버리지 마옵소서.
저희가 무엇을 하고 있는지 알지 못하옵니다.

영광송

제13처

제자들이 예수님 시신을 십자가에서 내림을 묵상합시다.

그리스도

희생은 이루어졌다.

그렇다, 나의 미사는 완성되었다.
하지만 내 어머니의 미사와
내 분신인 너의 미사는 아직 안 끝났다.

나의 어머니는 아직도
당신이 낳은 죽은 아들의 몸을
팔에 안고 어르셔야 한다.

너 또한 네가 사랑하는 이들과 헤어져야 하고
슬픔이 네게 닥쳐올 것이다.

네가 애도에 잠길 때 이를 생각하라.
마리아가 나의 수난을 나눔으로써

수많은 영혼들이 구원되었음을,
너의 슬픔 또한
영혼들을 구하는 대가가 될 수 있음을.

사람

주님, 간청합니다.
반드시 오고야 말 이별들을
제가 받아들이게 도와주십시오.
멀리 떠나야 할 친구들과의 이별,
집을 떠나야 할 자녀들과의 이별
그리고 무엇보다도 당신께서 저의 사랑하는 이들을
당신께로 불러들이실 때의 그 이별을.

그때 이렇게 말할 수 있는 은총을 주십시오.
"주님, 그들을 본향에로 데려가시는 것이
당신께 기쁨이 되셨으니,
저는 당신의 지극히 거룩한 뜻에 항복합니다.
그리고 만약 제가 단 한마디만 하면
당신의 뜻을 거스르고 그들을 다시 살릴 수 있다 해도,
저는 아무 말도 하지 않겠습니다."
그들에게 영원한 기쁨을 허락하십시오.

영광송

제14처

예수님께서 무덤에 묻히심을 묵상합시다.

그리스도

그리하여 내 이승의 삶이 끝났다.

그러나 이제 마리아에게, 막달레나에게,
베드로와 요한에게
그리고 너에게
새로운 생명이 시작된다.

사람으로서 나의 일은 끝났다.
내 교회 안에서, 내 교회를 통해 이루어야 할
나의 일은 이제 시작되어야 한다.

나는 너에게 기대한다, 나의 분신아.

날이면 날마다 이 시간부터
나의 제자가 되어라.
희생물이, 성인이 되어라.

사람

나의 예수님, 나의 주님,
제 육신이 나약한 만큼
제 마음은 더 바라고 있음을 당신은 아십니다.

이 지상에서 사시던 짧은 생애 동안
못다 하신 가르침, 못다 하신 고난,
못다 하신 사랑의 일들을
당신을 통해서
제가 가르치고
제가 참아 받고,
제가 행하게 해 주십시오.

저는 아무것도 아닙니다, 주님.
저를 도와주소서.

영광송

길을 걷고 나서

그리스도

내가 처음에 말했듯이, 나의 분신아,
내가 내 죽음으로 나의 생애를 장식하기까지
내 생애는 미완성이었다.
너의 '길'은
네가 너의 삶으로 그 길을 장식하기까지는
완성되지 않으리라.

순간순간 네게 일어나는 모든 일들 위에
내 표지가 찍혀 있음을
굳게 믿고 신뢰하면서
네게 다가오는 매 순간을
그대로 받아들여라.
단순한 신앙,
이것만 있으면 된다.
가슴에 대고 속삭여라,
"주님, 저는 원합니다. 하겠습니다."

그러니 나를 먼 데서 찾지 마라.
나는 바로 옆에 있다.

너의 작업대, 사무실, 부엌이
네가 사랑을 바치는 제대이다.
그리고 내가 거기 너와 함께 있다.
이제 가라.
네 십자가를 져라.
그리고 네 삶으로 너의 길을 완성하여라.

Everyone's Way of the Cross
By Clarence Enzler

모든 이를 위한 십자가의 길 (개정판)

초판 발행일 1987. 3. 20
재판 발행일 1989. 3. 15
삼판 발행일 1999. 3. 10
사판 발행일 2026. 1. 26

글쓴이 C. 엔즐러
옮긴이 고석준
펴낸이 강병완

펴낸곳 성바오로
출판등록 7-93호 1992. 10. 6
주소 서울특별시 강북구 오현로7길 20(미아동)

취급처 성바오로보급소 **전화** 944-8300, 986-1361
팩스 986-1365 **통신판매** 945-2972
E-mail bookclub@paolo.net
인터넷 서점 www.paolo.kr

책값은 뒤표지에 있습니다.
ISBN 978-89-8015-965-9
교회인가 서울대교구 1987. 2. 10 **SSP** 1108